AF252609

EXPOSÉ

D'UNE

COMBINAISON FINANCIÈRE

PAR

C.-E. MARC, Négt

> Après de vains efforts pour mieux faire, je
> crois devoir le donner, tel qu'il est; jugeant
> qu'il importe de tourner l'attention publique de
> ce côté-là, et que quand mes idées seraient
> mauvaises, si j'en fais naître de bonnes à
> d'autres, je n'aurai pas tout à fait perdu mon
> temps.
>
> (J.-J. ROUSSEAU, préface d'*Émile*.)

PARIS

—

Juin 1879

Éviter la conversion du 5 %.

Procurer à l'État, et par suite aux contribuables, des avantages supérieurs à ceux que pourrait offrir cette conversion.

Créer une source nouvelle d'épargne.

Favoriser le petit capital, l'affranchir du joug des syndicats et de la spéculation.

Telles sont les intentions du projet suivant, plus nouveau sans doute par la combinaison des idées qu'il comporte, que ne peuvent l'être ces idées elles-mêmes.

Il suffit du reste qu'elles soient mûres pour l'application, puisque l'intérêt du pays est le seul but de ce travail.

C'est aussi à ce seul titre qu'il s'offre à l'examen et réclame la discussion.

PROJET

Article Premier. — A partir du 1er janvier 1880, le Trésor public est autorisé à émettre chaque année, sous la dénomination de **Bons du Trésor,** des billets au porteur uniformément remboursables au bout de quatre ans avec plus-value de 96 % équivalant à un intérêt annuel nominal de 2,40 %.

Art. 2. — Chacune de ces émissions sera faite pour la somme totale de 500 millions à répartir entre 200 millions par coupures de francs 100, remboursables à 109,60 et 300 millions par coupures de francs 1,000, remboursables à 1,096.

Art. 3. — Chacune de ces coupures portera suivant les modèles ci-annexés un tableau de sa valeur progressive depuis la date d'émission jusqu'à celle du remboursement. Ce tableau fixe quatre fois par mois la valeur réelle des billets et n'admet pas de valeurs intermédiaires [1].

Art. 4. — A partir de la date assignée à leur remboursement, lesdits billets cesseront de porter intérêts.

Art. 5. — L'État s'engage à recevoir à toutes ses caisses, pour tous paiements qui lui seront effectués, lesdits billets pour la valeur qu'ils représenteront comme échue à chacune des dates de leur existence [2].

Art. 6. — En conséquence, pour tous paiements de contributions, etc., dont l'échéance pourra être déterminée et qui lui seront prématurément effectués, l'État acceptera ces billets pour la valeur qu'ils représenteraient à ladite échéance [3].

Art. 7. — Les billets rentrés au Trésor par voie de paiement pourront être remis en circulation dans les mêmes conditions.

1 Chaque émission nouvelle sera annoncée un mois à l'avance.
Les billets en seront de couleur différente des précédents encore en cours, afin d'être facilement distingués du public, puisqu'ils n'auront pas, aux mêmes dates, les mêmes valeurs.

2 L'appoint devant être fait par le débiteur, l'État ne sera point tenu de prendre les billets en paiement des sommes inférieures.

3 Cette faculté offerte pour la première fois aux contribuables, d'escompter leurs paiements, aurait l'avantage d'augmenter, dans une forte proportion, les anticipations.

Art. 8.— L'État s'interdit, en tous cas, d'en imposer l'acceptation et le cours.

Art. 9. — Les sommes réalisées par l'émission des **Bons du Trésor** et leurs produits en intérêts seront intégralement employés, pendant les quatre premières années, en amortissement de l'emprunt 5 %.

A partir de la cinquième année, les sommes réalisées par chaque nouvelle émission et celles résultant des intérêts des rentes précédemment amorties, serviront au remboursement des bons arrivés à échéance et de leur plus-value jusqu'à concurrence de l'échéance totale.

Le surplus sera employé à l'amortissement de nouveaux titres 5 %.

Art. 10.— L'amortissement ci-dessus s'opérera par voie de tirage au sort au cours de francs 115, coupon détaché.

Art. 11.— Le remboursement des titres sortis au tirage s'effectuera à la date d'échéance du coupon suivant le tirage.

Art. 12. — La date et l'importance de chaque tirage seront annoncées par le Ministre des finances, un mois au moins à l'avance.

Il sera fait au moins un et au plus quatre tirages par année.

Émission du 1er Janvier 1880.   RÉPUBLIQUE FRANÇAISE   Remboursement au 31 Décembre 1883.

Fr. 1000.   SÉRIE :   TRÉSOR PUBLIC   Nº   **Fr. 1096.**

BON DE MILLE FRANCS

Remboursable au porteur avec intérêts.

Le présent bon sera reçu en paiement par les caisses de l'État selon le tableau suivant avec plus-value indiquée, à date révolue de :

		1880	1881	1882	1883			1880	1881	1882	1883
Janvier	8	» 50	24 50	48 50	72 50	Juillet	8	12 50	36 50	60 50	84 50
»	16	1 »	25 »	49 »	73 »	»	16	13 »	37 »	61 »	85 »
»	24	1 50	25 50	49 50	73 50	»	24	13 50	37 50	61 50	85 50
»	31	2 »	26 »	50 »	74 »	»	31	14 »	38 »	62 »	86 »
Février	7	2 50	26 50	50 50	74 50	Août	8	14 50	38 50	62 50	86 50
»	14	3 »	27 »	51 »	75 »	»	16	15 »	39 »	63 »	87 »
»	21	3 50	27 50	51 50	75 50	»	24	15 50	39 50	63 50	87 50
»	28	4 »	28 »	52 »	76 »	»	31	16 »	40 »	64 »	88 »
Mars	8	4 50	28 50	52 50	76 50	Septembre	8	16 50	40 50	64 50	88 50
»	16	5 »	29 »	53 »	77 »	»	15	17 »	41 »	65 »	89 »
»	24	5 50	29 50	53 50	77 50	»	23	17 50	41 50	65 50	89 50
»	31	6 »	30 »	54 »	78 »	»	30	18 »	42 »	66 »	90 »
Avril	8	6 50	30 50	54 50	78 50	Octobre	8	18 50	42 50	66 50	90 50
»	15	7 »	31 »	55 »	79 »	»	16	19 »	43 »	67 »	91 »
»	23	7 50	31 50	55 50	79 50	»	24	19 50	43 50	67 50	91 50
»	30	8 »	32 »	56 »	80 »	»	31	20 »	44 »	68 »	92 »
Mai	8	8 50	32 50	56 50	80 50	Novembre	8	20 50	44 50	68 50	92 50
»	16	9 »	33 »	57 »	81 »	»	15	21 »	45 »	69 »	93 »
»	24	9 50	33 50	57 50	81 50	»	23	21 50	45 50	69 50	93 50
»	31	10 »	34 »	58 »	82 »	»	30	22 »	46 »	70 »	94 »
Juin	8	10 50	34 50	58 50	82 50	Décembre	8	22 50	46 50	70 50	94 50
»	15	11 »	35 »	59 »	83 »	»	16	23 »	47 »	71 »	95 »
»	23	11 50	35 50	59 50	83 50	»	24	23 50	47 50	71 50	95 50
»	30	12 »	36 »	60 »	84 »	»	31	24 »	48 »	72 »	96 »

Il n'est point admis de fractions intermédiaires. A partir du 31 Décembre 1883, le présent bon cessera de porter intérêts et sera remboursé par fr. 1096.

Emission 1ᵉʳ Janvier 1880. Fr. **100**

Rembours.ᵗ 31 Déc. 1883. Fr. **109.60**

Série :

N°.

TRÉSOR PUBLIC

BON DE CENT FRANCS
Remboursable au porteur avec intérêts.

Le présent bon sera reçu en paiement par les caisses de l'État à date révolue pour la somme de :

		1880	1881	1882	1883			1880	1881	1882	1883
Janvier	8	100 05	102 45	104 85	107 25	Juillet	8	101 25	103 65	106 05	108 45
»	16	100 10	102 50	104 90	107 30	»	16	101 30	103 70	106 10	108 50
»	24	100 15	102 55	104 95	107 35	«	24	101 35	103 75	106 15	108 55
»	31	100 20	102 60	105 »	107 40	»	31	101 40	103 80	106 20	108 60
Février	7	100 25	102 65	105 05	107 45	Août	8	101 45	103 85	106 25	108 65
»	14	100 30	102 70	105 10	107 50	»	16	101 50	103 90	106 30	108 70
»	21	100 35	102 75	105 15	107 55	»	24	101 55	103 95	106 35	108 75
»	28	100 40	102 80	105 20	107 60	»	31	101 60	104 »	106 40	108 80
Mars	8	100 45	102 85	105 25	107 65	Septembre	8	101 65	104 05	106 45	108 85
»	16	100 50	102 90	105 30	107 70	»	15	101 70	104 10	106 50	108 90
»	24	100 55	102 95	105 35	107 75	»	23	101 75	104 15	106 55	108 95
»	31	100 60	103 »	105 40	107 80	»	30	101 80	104 20	106 60	109 »
Avril	8	100 65	103 05	105 45	107 85	Octobre	8	101 85	104 25	106 65	109 05
»	15	100 70	103 10	105 50	107 90	»	16	101 90	104 30	106 70	109 10
»	23	100 75	103 15	105 55	107 95	»	24	101 95	104 35	106 75	109 15
»	30	100 80	103 20	105 60	108 »	»	31	102 »	104 40	106 80	109 20
Mai	8	100 85	103 25	105 65	108 05	Novembre	8	102 05	104 45	106 85	109 25
»	16	100 90	103 30	105 70	108 10	»	15	102 10	104 50	106 90	109 30
»	24	100 95	103 35	105 75	108 15	»	23	102 15	104 55	106 95	109 35
»	31	101 »	103 40	105 80	108 20	»	30	102 20	104 60	107 »	109 40
Juin	8	101 05	103 45	105 85	108 25	Décembre	8	102 25	104 65	107 05	109 45
»	15	101 10	103 50	105 90	108 30	»	16	102 30	104 70	107 10	109 50
»	23	101 15	103 55	105 95	108 35	»	24	102 35	104 75	107 15	109 55
»	30	101 20	103 60	106 »	108 40	»	31	102 40	104 80	107 20	109 60

A partir du 31 Décembre 1883, le présent bon cessera de porter intérêts. Il sera remboursé par fr. 109 60..

RÉSULTAT

Les calculs faits sur les données du projet précédent établissent les résultats suivants :

Le 1er janvier 1884, la circulation des bons du Trésor s'élèvera au chiffre de 2 milliards et pourra se maintenir indéfiniment sur ce même pied.

A cette même date, en échange et en garantie de cette circulation, le Trésor se trouvera en possession de titres 5 % pour une valeur de 96,500,000 francs de rente en chiffres ronds, définitivement retirés de la circulation, mais continuant à porter intérêt à son profit.

Ces titres ayant été rachetés au cours de fr. 115, lui seront d'un revenu d'environ 4,347 %, tandis que le service des intérêts aux 2 milliards de circulation lui coûtera à peine 2 1/4 %.

Ce service étant annuellement de 48 millions et les rentes acquises pendant les quatre premières années montant à 96 1/2 millions, la ressource annuelle est de 48 1/2 millions qui, capitalisés au même taux de 4,347 %, permettraient de retirer, *en moins de 49 ans*, de la circulation, la totalité de l'emprunt 5 % qui représente au cours de fr. 115, la somme de 7,820,000,000.

Ces résultats auraient été obtenus :

Sans créer à l'Etat la moindre charge nouvelle, ni grever d'un centime aucun budget ;

Sans avoir rien fait perdre aux porteurs de l'emprunt 5 % ;

Sans avoir compromis aucun intérêt public ou particulier.

En effet :

L'intérêt de l'Etat, dans l'opération, apparaît assez évident pour qu'il soit surabondant d'en énoncer les preuves. On fait seulement remarquer que l'application, proposée dans le projet même, des sommes réalisées à l'amortissement du 5 %, n'est qu'un exemple choisi pour en démontrer la puissance.

L'idée principale est de procurer à l'Etat un bénéfice considérable dont l'application à tel ou tel besoin n'est qu'accessoire.

Si on a choisi pour objectif l'amortissement du 5 %, c'est qu'il paraissait répondre aux préoccupations les plus immédiates et parler le plus éloquemment en faveur du plan lui-même.

Ne serait-il pas un bienfait inespéré pour les rentiers sans cesse menacés de la conversion, préparés à la diminution d'un dixième de leur revenu et incertains même de ce lendemain?

Le Gouvernement qui, ayant le droit strict de rembourser à 100 francs, s'imposerait le remboursement à 115 francs, ne se créerait-il pas des titres éternels à la reconnaissance et à la confiance du pays?

L'intérêt de l'Etat étant prouvé, celui des porteurs du 5 % étant établi d'une manière non moins indiscutable, il reste à prouver que si ces avantages sont acquis ou conservés aux uns, ce n'est pas au détriment des autres.

Admettons un moment la fortune publique divisée en trois bourses :

1° Une bourse pour l'Etat ;

2°　　　　》　　　　les porteurs du 5 % ;

3°　　　　》　　　　le reste du public.

La deuxième bourse étant laissée sans changement, si nous voulons accroître la première de 48 millions par an, non-seulement sans les prendre sur la troisième, mais en accroissant aussi cette troisième de 48 autres millions, nous semblons être dans l'utopie et demander 96 millions au néant.

Ces 96 millions ne sont pas dans le néant, ils existent autour de nous invisibles et impalpables, inaperçus ou négligés, n'appartenant à personne. Nous avons cherché une machine capable d'agglomérer ces molécules, et du lingot obtenu, nous voulons donner à chacun sa part.

Ces 96 millions, c'est une fraction de l'intérêt que pourraient produire annuellement les capitaux que leur nature même condamne à la stérilité.

Personne ne contestera que la masse n'en soit énorme; le bilan de la Banque de France, comme ceux des sociétés particulières, l'attestent surabondamment.

Evidemment, il faut qu'une masse considérable de capitaux reste improductive, il faut aux besoins des échanges journaliers, des transactions incessantes, une monnaie qui ne peut être susceptible d'intérêt, un gage métallique proportionné à la circulation fiduciaire; mais toute disproportion en plus, tout excès est un mal.

Ces 96 millions, la fortune publique les perd tous les ans, si elle manque à les gagner.

Que faut-il pour éviter ce déchet?

Forcer l'argent qui dort à produire sans autre contrainte que son propre intérêt et en respectant même son sommeil.

Appeler 2 milliards de cet argent à circuler une fois seulement tous les quatre ans, ce n'est demander ni une somme disproportionnée, ni un effort trop laborieux à l'inertie du capital improductif.

———

S'il avait été possible de rembourser au cours de fr. 100 les porteurs de 5 °/o, le même résultat aurait été acquis en moins de 40 ans; à fr. 105 en moins de 43 ans; à fr. 110 en moins de 46 ans.

Il n'est pas tenu compte dans cette évaluation des bénéfices que pourraient procurer au Trésor :

La perte des bons qui ne se présenteraient jamais au remboursement, ni la différence d'intérêt sur ceux qui ne s'y présenteraient qu'avec un retard considérable.

———

JUSTIFICATION

L'opération, par son application bien déterminée, non-seulement diffère de toutes celles en cours, mais ne doit leur faire aucune concurrence.

Elle ne peut être assimilée à une dette flottante, puisque le gage des bons en circulation existera dans les caisses de l'Etat pour une valeur égale au début et de plus en plus supérieure.

Par conséquent, les bons du Trésor au porteur ne sont pas une *circulation;* ils n'en ont ni le caractère ni le danger; ils ne seront pas un *papier-monnaie,* ils seront un *titre de rente monnaie.*

Si, par la facilité qu'ils présenteront à l'échange comme au remboursement, par l'accumulation d'avantages et de garanties qu'ils renferment, ils doivent être préférés aux bons du Trésor à ordre, ils n'empêcheront point pour cela la continuation de cette ressource de trésorerie, ni de toutes autres applicables à d'autres besoins et formant, elles, la dette flottante.

Quant à la dette consolidée, puisqu'elle se trouvera, par l'opération même, chaque année raréfiée, elle ne pourra en recevoir qu'une élévation de cours.

L'opération n'est donc pas une innovation excessive qui puisse heurter les idées reçues ou révolutionner les habitudes financières. Cette nouvelle valeur, qu'on l'appelle BILLETS DU TRÉSOR ou BONS DU TRÉSOR, comme nous l'avons fait jusqu'ici, n'est qu'une modification qui tient à la fois des anciens bons, du titre de rente et du billet de banque.

CONSÉQUENCES A PRÉVOIR

AU POINT DE VUE DE QUELQUES INTÉRÊTS PARTICULIERS

La spéculation sur la rente 5 % se trouvera limitée aux environs de fr. 115 fixés pour le remboursement.

Les Banques particulières verront probablement s'amoindrir les dépôts de fonds qu'elles prennent à un taux infime pour les employer à de grosses spéculations.

Il est possible que l'émission des bons du Trésor relève ou soutienne à 3 % l'escompte en banque des effets de commerce; ce taux est encore favorable aux affaires. Il est à penser qu'il deviendrait un taux normal et se fixerait. Cette fixité serait plus avantageuse aux relations générales que des variations comportant souvent de brusques écarts.

En effet, détenir des bons du Trésor équivaut à escompter du papier à 2 1/4 % sans courtage de réescompte. Si l'usage des bons se généralise et se perpétue, familiarisé avec le mécanisme de cette circulation, le public peut facilement la prendre pour bases de transactions particulières et en admettre le taux comme évaluation d'escompte d'anticipation et d'intérêt de retard.

Il est certain que la circulation des bons du Trésor diminuera considérablement celle des billets de banque qui sont par excellence le capital improductif que vise le projet.

De ce chef, la Banque ayant d'autant moins de droits à payer, réalisera une économie.

Si le système relève ou soutient, comme il vient d'être dit, le taux de l'escompte, la Banque en profitera d'autant.

Le système lui offre une augmentation illimitée de ses opérations d'escompte, puisque, pour elle, prendre des bons nouveaux équivaudra à escompter du papier, avec cette différence qu'elle pourra, selon les besoins, réescompter ces bons en les rendant à la circulation, tandis que précédemment, ne pouvant (non plus que le papier de commerce), réescompter les anciens bons à ordre, elle n'avait point la latitude d'y consacrer tous ses excédants disponibles.

Il lui fournit donc l'occasion d'utiliser en un placement à 2 1/4 % des sommes importantes jusqu'ici improductives.

Certes, les intérêts de la Banque de France sont à sauvegarder, mais ses bilans hebdomadaires prouvent avec éloquence tout ce qu'il est possible de faire en ne disposant que d'un trop plein qui lui est inutile. Avec un encaisse métallique de 2,200,000,000, une circulation de 2,150,000,000; le total de ses opérations d'escompte et d'avances n'atteint pas 650,000,000. Autant vaudrait employer à faire tourner une meule de rémouleur toute la puissance d'une chûte d'eau.

Utilisons l'excès de force, si immense qu'il soit, et la meule n'en tournera pas moins. Supprimons à la Banque 1,000,000,000 de circulation et elle n'y perdra rien.

Il ne faudrait pas en conclure que le projet viserait à la suppression complète des billets de banque. Nous avouons que si les bons du Trésor devaient remplacer dans la circulation plus d'un milliard de billets de banque, le but se trouverait dépassé. Nous manquons évidemment de données positives pour évaluer de quels éléments se composerait l'autre milliard ; nous pensons, toutefois, qu'après classement, les bons du Trésor se trouveraient substitués à bien des placements temporaires.

En ce cas, il est juste d'ajouter que pour ce second milliard, les bons n'auraient pas créé de toutes pièces une épargne nouvelle, mais seulement réparti plus équitablement que par le passé l'intérêt inhérent au capital qu'ils représentent entre ses véritables possesseurs et ceux qui n'en sont que les dépositaires.

Quant au premier milliard, l'intérêt que le système lui fait produire est bien créé et ne peut être considéré comme un double emploi, puisque les bons remplaceront des billets sans intérêts, représentant eux-mêmes un capital métallique, immobilisé en dépôt.

SUCCÈS DE L'ÉMISSION

Après avoir prouvé l'importance des résultats de l'opération et les avantages qu'elle offre à l'État, aux rentiers, au public en général, on pourrait regarder comme certain le succès de l'émission qui en fait la base. Il n'est cependant pas inutile de passer rapidement en revue les raisons qui le rendent indubitable, et celles surtout qui devront attirer sur cette valeur, l'argent qui dort, et l'y employer définitivement, de préférence à tout autre capital mobile ou productif.

Les bons du Trésor seront recherchés non-seulement par tous ceux qui précédemment prenaient des Bons du Trésor à ordre de trois mois à un an au taux de 1/4 à 1/2 %, mais surtout par :

Tous ceux qui auraient pu en prendre s'ils n'avaient reculé devant les démarches à faire et le temps à perdre au dépôt comme au recouvrement (embarras que ne compenserait pas pour les petits capitaux, le faible intérêt accordé).

Tous ceux à qui, jusqu'ici, ce mode de placement provisoire était inconnu ou matériellement impossible.

Tous ceux qui, ayant temporairement quelque argent disponible, le déposaient en compte courant, compte de chèques, compte à disponibilité, dans les banques particulières; par conséquent à taux moindre et avec moins de facilité de disponibilité immédiate, ou l'auraient fait s'ils y avaient trouvé une sécurité complète.

Tous ceux qui escomptent du papier de commerce entre 1/2 et 2 % par an.

A ce titre, la Banque de France elle-même.

Ces diverses catégories de capitalistes devront, dès le début, absorber la totalité de l'émission, mais il est à désirer qu'elle ne fasse que passer par leurs mains, pour se classer au fond de chaque bourse jusqu'à nécessité absolue de dépense.

C'est en effet ce qui devra arriver.

Les bons du Trésor s'échangeront entre particuliers comme les billets de banque, mais selon leur valeur progressive. Chacun aura donc intérêt à les garder en caisse le plus longtemps possible, à payer de préférence avec les billets de banque et le numéraire qui ne rapportent rien.

Entrés dans une poche, ils n'en sortiront que les derniers, à défaut de tout autre argent, et jusque-là constitueront un placement, même pour le laps de temps le moins appréciable, un placement qui s'imposera à quiconque doit avoir chez soi les moindres sommes sans destination immédiate, comme sans certitude de les posséder longtemps.

Si petit que puisse être le bénéfice, il ne comporte à obtenir ni risque ni souci. On ne se donnerait point la peine d'aller au-devant, mais il se produit de lui-même et on en accepte l'aubaine.

Celui qui, pendant quatre ans, aurait fait un placement de 1,000 francs pour n'en recevoir que 96 francs, aurait peu à se féliciter, mais si, ne pouvant faire de placement, forcé d'avoir toujours chez lui 1,000 francs en réserve prêts à telle ou telle éventualité, il les retrouve au bout de quatre années, accrus de 96 francs, il aura lieu de se réjouir de la combinaison nouvelle, s'il réfléchit surtout que ce somnambulisme de l'argent qui dormait a, pendant le même temps, produit à l'État un bénéfice égal qui tôt ou tard se traduira par une réduction proportionnée de l'impôt.

Effectivement, à la fin de l'opération, la position sera celle-ci :

L'État se sera libéré de 292 millions de dette annuelle.

Le public pourra être en conséquence déchargé de même somme d'impôts, plus d'une autre somme correspondant aux frais de recouvrement des impôts supprimés.

Les ex-porteurs de 5 % se retrouveront, comme avant l'emprunt de 5 milliards, possesseurs d'un capital à faire valoir en placements hors de l'État, sauf que ce capital se sera trouvé augmenté d'un tiers par suite de la différence entre le taux d'émission et le taux de remboursement.

Les petits capitalistes auront pu, pendant les quelque cinquante ans qu'aura duré l'opération, réaliser une épargne d'au moins deux milliards que ce système seul peut leur assurer.

COMITÉ CATHOLIQUE

POUR LA DÉFENSE

DES INTÉRÊTS RELIGIEUX ET SOCIAUX

DANS LE DIOCÈSE DU MANS

Les intérêts de la religion, qui sont en même temps ceux de la famille et de la société, subissent chaque jour de nouvelles et plus graves atteintes.

Les libertés les plus chères, les droits les plus sacrés du chrétien, du père de famille, sont méconnus par des lois votées ou sur le point de l'être.

L'action administrative, si puissante dans notre pays, s'exerce et s'exercera fatalement de plus en plus dans un sens contraire à ces libertés et à ces droits.

Enfin la presse révolutionnaire, chaque jour plus audacieuse, répand de tous côtés, avec une entière liberté, les semences du désordre et de la corruption.

Devant cette vaste conjuration du mal, la France chrétienne ne doit pas se borner à des lamentations stériles.

Dieu a fait les nations guérissables. Si nous savons *prier* et *agir*, nous obtiendrons de sa miséricorde le salut de notre patrie.

Être chrétien, dans sa vie privée, ne suffit pas.

Contre la propagande effrénée du mal, il faut l'apostolat du bien.

Sans doute, cet apostolat est, avant tout, la mission de l'Église et de ses ministres.

Mais c'est aussi, pour tout chrétien, pour tout homme de bonne volonté, un devoir absolu d'offrir à la société en péril tout ce qu'il peut donner, son temps, son argent, son intelligence, son initiative et son cœur.

C'est ce devoir que Monseigneur l'Évêque du Mans a voulu rappeler d'une façon toute spéciale, en instituant récemment un **Comité catholique pour la défense des intérêts religieux et sociaux dans le diocèse du Mans.**

Ce nom seul fait connaître le but général du Comité.

Les occasions de rendre des services ne lui feront pas défaut, dans ces temps troublés.

Telle ou telle des œuvres actuelles, œuvres de piété, d'assistance, de patronage ou de propagande, peut se trouver, à un moment donné, dans une situation difficile, qu'il s'agisse de crise financière, d'entraves administratives, ou de tous autres obstacles : dans la mesure de ses forces, et sous toutes les formes, le Comité cherchera à lui venir en aide.

Lorsque apparaît la nécessité d'une création nouvelle, d'un effort nouveau, rien ne se fait parfois, faute d'impulsion et de direction : le Comité s'efforcera d'y pourvoir ; il préparera le terrain, provoquera les initiatives, ou se chargera lui-même de l'organisation, s'il est nécessaire.

L'enseignement chrétien est, de nos jours, particulièrement menacé : si une école communale congréganiste venait, ce qu'à Dieu ne plaise, à être supprimée dans le diocèse, il faudrait aussitôt la remplacer par une école libre : le Comité ne négligerait rien pour atteindre ce but.

Aux prédications malsaines des journaux, des brochures, des conférences, des réunions publiques ou privées, il est indispensable d'opposer de plus en plus les mêmes moyens d'action mis au service de la vérité : ce sera une des plus constantes préoccupations du Comité.

Contre les mesures diverses qui porteraient atteinte aux droits des institutions catholiques, fondations religieuses, congrégations, fabriques paroissiales, etc., il faut élever, sans se lasser, toutes les protestations, tous les recours légaux nécessaires.

Aux calomnies incessantes d'une certaine presse, il est indispensable d'opposer tantôt des réponses nettes et précises, dont l'insertion soit obligatoire dans le journal où a paru l'attaque, tantôt des poursuites pour diffamation ou fausses nouvelles.

Sur ce terrain de défense juridique, le Comité se propose de fournir aux intéressés tous les renseignements nécessaires sur la marche à suivre, de les assister sous toutes les formes et par tous les moyens en son pouvoir.

Ces indications sommaires suffisent à faire ressortir le caractère et l'utilité du Comité.

Il eût été très désirable qu'il pût se composer du plus grand nombre possible de membres habitant le département. Malheureusement, il était nécessaire de rester dans les étroites limites posées par la loi ; vingt personnes seulement ont pu, en conséquence, être appelées par Sa Grandeur à faire partie de ce Comité.

Mais, ces vingt membres, qui ne prétendent à d'autre honneur qu'à celui de travailler davantage pour la cause commune, ne pourraient rien sans l'appui de tous ceux que la situation de l'Église et de la France ne laisse pas indifférents.

Le Comité compte fermement sur eux, il leur demande de seconder ses efforts, de le renseigner, de ne lui épargner ni les avis ni les conseils ; il fait enfin un pressant appel aux offrandes de chacun ; l'argent est le nerf des œuvres, et plus les ressources du Comité seront sérieuses, plus il pourra étendre son action.

Les membres du Bureau du Comité :

MM. VÉTILLART, sénateur, *président* ;
Baron L.-C. CLOUET,
ARMAND SURMONT, avocat, } *vice-présidents* ;
ALEX. CÉLIER, avocat,
EUGÈNE BOUDET, } *secrétaires* ;
A. HARDOUIN-DUPARC,
DEPEUDRY, *trésorier*.

NOTA. — Le Comité a ouvert un bureau de renseignements, au Mans, *rue de la Grimace*, 1 (au rez-de-chaussée). Un membre du Bureau s'y tiendra tous les vendredis, de 1 à 4 heures. La correspondance doit être envoyée à M. le Secrétaire du Comité, même adresse.

Le Mans. — Imprimerie Leguicheux-Gallienne. — Décembre 1879.